Parque Nacional de los
Everglades

Grace Hansen

Abdo
PARQUES NACIONALES
Kids

abdopublishing.com

Published by Abdo Kids, a division of ABDO, P.O. Box 398166, Minneapolis, Minnesota 55439.

Copyright © 2019 by Abdo Consulting Group, Inc. International copyrights reserved in all countries.
No part of this book may be reproduced in any form without written permission from the publisher.

Printed in the United States of America, North Mankato, Minnesota.

052018
092018

 THIS BOOK CONTAINS
RECYCLED MATERIALS

Spanish Translators: Laura Guerrero, Maria Puchol
Photo Credits: Alamy, AP Images, iStock, Shutterstock
Production Contributors: Teddy Borth, Jennie Forsberg, Grace Hansen
Design Contributors: Dorothy Toth, Laura Mitchell

Library of Congress Control Number: 2018931830
Publisher's Cataloging-in-Publication Data

Names: Hansen, Grace, author.
Title: Parque nacional de los Everglades / by Grace Hansen.
Other title: Everglades National Park. Spanish
Description: Minneapolis, Minnesota : Abdo Kids, 2019. | Series: Parques nacionales |
     Includes online resources and index.
Identifiers: ISBN 9781532180439 (lib.bdg.) | ISBN 9781532181290 (ebook)
Subjects: LCSH: Everglades National Park (Fla.)--Juvenile literature. | Florida--Everglades
     National Park.--Juvenile literature. | National parks and reserves--Juvenile literature. |
     Natural history--Juvenile literature. | Spanish language materials--Juvenile literature.
Classification: DDC 975.9--dc23

Contenido

Parque Nacional de los Everglades

El Parque Nacional de los Everglades está en el sur de Florida. El presidente Harry Truman **inauguró** el parque el 6 de diciembre de 1947.

5

Los **ecologistas** como Ernest

F. Coe y Marjory Stoneman

Douglas ayudaron a proteger

la zona de los Everglades.

El parque protege un millón y medio de acres (6,07028 ha) de zona pantanosa, en su mayoría plana. A primera vista, no hay mucho que ver, pero es el hogar de un gran número de animales salvajes.

Clima

El Parque Everglades tiene dos estaciones. La estación seca de diciembre a marzo y la estación lluviosa de abril a noviembre. Hace mucho calor y **humedad** durante la estación lluviosa.

Ecosistemas

El parque tiene muchos **ecosistemas** diferentes. Cada uno tiene grupos diferentes de plantas y animales.

12

En el extremo sur del parque se ubica el **estuario**. Se pueden ver animales como el delfín nariz de botella y el tiburón martillo. El fondo marino está cubierto de algas.

Los humedales costeros constituyen otro tipo de **ecosistema**. Lo que más crece es la salicornia. Es el hábitat de animales como los conejos de pantano, las tortugas verdes marinas y las ranas.

16

Los manglares están en la zona norte. Las raíces del árbol del mangle son fuertes y visibles. Peces y camarones viven entre las raíces bajo el agua. En la zona más seca se pueden ver ciervos de cola blanca.

Hay caimanes por todo el parque. Son unos reptiles extraordinarios. ¡Mucha gente va al parque cada año para verlos!

Actividades divertidas

Tour en aerodeslizador
para ver caimanes.

Avistamiento de aves.
Hay 360 tipos de aves
en el parque.

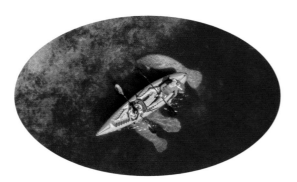

Andar en canoa o
kayak para acercarse
a los manatíes.

Acitividad pesquera
marina o de agua dulce.

Glosario

ecologista – persona que promueve la conservación de recursos naturales.

ecosistema – comunidad de seres vivos en su ambiente.

estuario – parte ancha y final de un río donde se encuentra con el mar.

humedad – cuando el aire está cargado de vapor de agua.

inaugurar – abrir oficialmente al público.

Índice

Abdo Kids
ONLINE
FREE! ONLINE MULTIMEDIA RESOURCES

¡Visita nuestra página
abdokids.com y usa este código
para tener acceso a juegos,
manualidades, videos y mucho más!

Código Abdo Kids:
NEK4329